FRIEDA HACE LA DIFERENCIA

FRIEDA HACE LA DIFERENCIA

Los Objetivos de Desarrollo Sostenible y cómo tú también puedes cambiar el mundo

NACIONES UNIDAS

AGRADECIMIENTOS

Este libro fue originalmente concebido y publicado por el Centro de Información de las Naciones Unidas (UNIC) en Windhoek, Namibia, una de las sucursales del Departamento de Comunicación Global de las Naciones Unidas. El libro nació con el propósito de ayudar a los jóvenes lectores a mejor comprender y relacionarse con los Objetivos de Desarrollo Sostenible.

El departamento de publicaciones de Naciones Unidas desea reconocer y agradecer a las siguientes personas por dar vida a esta historia y ponerla en manos de los niños y niñas de todo el mundo: Anthea Basson, Oficial Nacional de Información y Jefa del CINU Windhoek, y Welda Mouton, Asistente de Información Pública.

Esta historia fue escrita por Nicola Gallagher, profesional en comunicaciones. Las ilustraciones fueron creadas por Nelett Loubser, propietario de KunsHuis Graphic Design.

Para obtener más información sobre el CINU Windhoek,
visita http://windhoek.sites.unicnetwork.org.

Para obtener más información sobre los Objetivos de Desarrollo Sostenible,
visita www.un.org/sustainabledevelopment/es.

Publicado por el Departamento de Comunicación Global de las Naciones Unidas,
Centro de Información de las Naciones Unidas (CINU) Windhoek,
Private Bag 13351, Windhoek, Namibia

Sitio web: www.windhoek.sites.unicnetwork.org

ISBN: 9789211014082
eISBN: 9789210040518
ePub ISBN: 9789213582787

UNA NOTA PARA NUESTROS LECTORES

El 1 de enero de 2016, entraron oficialmente en vigor los 17 Objetivos de Desarrollo Sostenible, también conocidos como los ODS. Estos objetivos forman parte del plan de acción que, como acordaron los líderes mundiales, ayudará a hacer del mundo un lugar mejor para el año 2030.

Aunque el año 2030 parezca muy lejano, se requiere mucho trabajo y compromiso para resolver estos problemas—tales como eliminar la pobreza, luchar contra la desigualdad, hacer frente al cambio climático, proteger nuestros animales y océanos, y garantizar que nadie se quede atrás.

Los Objetivos llaman a todos los países a ayudar a proteger nuestro planeta. Eso incluye a los gobiernos, las empresas, la sociedad civil y a todos los jóvenes ¡como tú! Con este libro vas a aprender más sobre los Objetivos y vas a encontrar consejos sobre lo que podrías hacer para realizar cambios tanto en tu vida como en las vidas de los demás.

En la tierra de la libertad es donde juega Frieda.
Su país es muy bonito, en muchos sentidos.

Paisajes maravillosos y animales
en abundancia.

Gente amable, comida rica,
música divertida y más.

En la escuela Frieda aprende sobre los países del mundo. Aprende sobre las Naciones Unidas y cómo los países colaboran por la paz. La ONU trabaja con los gobiernos para hacer que el mundo sea mejor para todos y todas, sin importar su género, religión o raza.

Un día una mujer llamada Ana, una funcionaria de las Naciones Unidas, visita la escuela de Frieda. Los astutos niños y niñas constestan las preguntas difíciles de Ana sobre lo que hacen las Naciones Unidas.

Conocer más sobre la ONU motiva a Frieda a cambiar el mundo cuando sea mayor. Sin embargo, ella cree que ahora mismo no puede hacerlo porque todavía es muy pequeña.

La representante de la ONU le dice:
"¡Sí que puedes lograr un cambio!
¡Hay muchas cosas que puedes hacer!"

"Las Naciones Unidas se esfuerzan para lograr los Objetivos de Desarrollo Sostenible. Todos pueden ayudar a alcanzarlos, tanto los jóvenes como los mayores, sin importar su papel."

"Empezando con la erradicación de la pobreza, debemos trabajar para cubrir las necesidades básicas.

Cada uno merece un hogar seguro,
esto es algo que realmente necesitamos!"

"Después, queremos poner fin al hambre y asegurar que toda la gente tenga acceso a comida.

La comida nutritiva te ayuda a rendir mejor y te pone de buen humor."

"Cada uno tiene el derecho de acceso a los medicamentos, de hacer ejercicio y de tener buena salud;

Da igual dónde vives, que edad tienes o tus recursos."

3 SALUD
Y BIENESTAR

"Es importante aprender a leer, escribir y hacer matemáticas.

Todas las personas merecen una educación de calidad para poder tener éxito en su camino profesional."

"Cada niño y niña debería ser tratado igual y tener las mismas oportunidades.

Debemos promover la igualdad en todas nuestras comunidades."

"Cada uno tiene el derecho
a agua limpia y al saneamiento;

En el norte, sur, éste y oeste,
toda la gente de cada país."

"En vez de utilizar el petróleo y otros recursos que pueden agotarse.

La luz solar es una fuente de energía que puede alimentar las cosas y su uso puede repetirse una y otra vez."

"El trabajo debe ser seguro y justo

Buenos trabajos y buenos salarios para todos y todas, en todas partes."

"Nuestras carreteras y nuestros puentes deberían ser construidos para que duren y sean fuertes.

Para que, cuando la gente viaje, pueda estar segura y nada malo llegue a pasar."

"Cada persona debería ser tratada correctamente y con igualdad.

Todo el mundo se merece una vida de mejor calidad."

10 REDUCCIÓN DE LAS DESIGUALDADES

"Mientras que la población crece, también las ciudades necesitan crecer de una forma correcta.

Se necesitan edificios seguros y lugares para alojar a todos y a todas."

CIUDADES Y
COMUNIDADES
SOSTENIBLES

"Debemos ser responsables cuando usamos las cosas – ¡tenemos que comprometernos a eso! ¡Para lograrlo, puedes reciclar, reutilizar y reducir tu consumo!"

"El mundo es más caliente. El clima está cambiando. Esto ya lo sabemos.

Hay que actuar ahora y tomar medidas
para reducir la contaminación.
¡Hay tanto que podemos hacer!"

"Los peces en el océano también
necesitan ser protegidos.

Prevenir la sobrepesca es lo que podemos hacer."

14 VIDA SUBMARINA

"Los leones, rinocerontes y elefantes son animales que viven en la tierra.

Debemos ayudar a protegerlos.
Debemos abogar por su
protección."

¡NO!
A LA CAZA FURTIVA

15 VIDA DE ECOSISTEMAS TERRESTRES

"Debemos luchar por la paz, por la justicia y por instituciones fuertes.

¡Para garantizar que todas las personas sean protegidas y tratadas justamente, debemos encontrar soluciones!"

16 PAZ, JUSTICIA E INSTITUCIONES SÓLIDAS

"Finalmente, debemos trabajar juntos para hacer que el mundo sea mucho mejor para todos."

Frieda estuvo tan feliz de aprender que ella también puede ayudar a lograr los ODS.

Aquella noche, Frieda se apura para llegar a casa y pasar tiempo con su familia.

Ella les cuenta cómo las Naciones Unidas están cambiando el mundo y cómo ella también quiere cambiarlo.

Frieda les dice: "¡Juntemos nuestros esfuerzos! ¡Todas y todos! ¡Tú y yo!"

"PORQUE JUNTOS PODEMOS HACER LA DIFERENCIA!"

LO QUE PUEDES HACER

✓ Apaga las luces cuando no estés en la habitación. Desconecta los aparatos electrodomésticos cuando no los estés utilizando.

✓ Trae tu propia bolsa cuando haces compras. No necesitarás una bolsa de plástico de la tienda si llevas tu propia bolsa reutilizable.

✓ Recicla papel, plástico, vidrio y aluminio para abordar el problema de los residuos y vertederos.

✓ Usa tu bicicleta, camina o toma el transporte público. Guarda los viajes en auto para cuando tengas un grupo grande.

✓ Ajusta tu termostato: bájalo en invierno, súbelo en el verano.

✓ Dona lo que no usas. Las organizaciones caritativas locales le darán una nueva vida a tu ropa, libros y muebles ligeramente utilizados.

✓ Ve a un centro electoral local cuando haya elecciones. Descubre quién está intentando hacer la diferencia.

✓ Invita a gente a hablar con tu clase sobre cómo están ayudando a mejorar tu comunidad (¡y luego agradéceles!).

✓ Haz voluntariado en tu barrio. No tienes que ir muy lejos para encontrar maneras de ayudar a los demás.

✓ Habla con tu familia sobre lo que todos pueden hacer para marcar la diferencia en el lugar donde vives.

RECURSOS

Visita estos sitios web para aprender más sobre las medidas simples que puedes tomar en tu vida diaria para hacer la diferencia. ¡Si te importa el futuro, sé el cambio!

GUÍA de los VAGOS para SALVAR el MUNDO

La Guía de los Vagos para Salvar el Mundo creada por las Naciones Unidas nos informa sobre qué podemos hacer para generar un cambio. Algunos consejos son simples y es probable que ya los estés haciendo. Otros requieren que cambies o adoptes nuevos hábitos.

www.un.org/sustainabledevelopment/takeaction

#YOU NEED TO KNOW

Todos podemos generar un cambio. Con #YouNeedtoKnow, elige una de las 170 pequeñas acciones cotidianas y contribuye a hacer del mundo un lugar mejor, ¡un paso a la vez! Los recursos están disponibles en ocho idiomas.

www.youneedtoknow.ch

FSC
www.fsc.org
MIX
Paper from
responsible sources
FSC® C005748

Este libro se imprimió en papel FSC Mixto utilizando tinta a base de soja.

QUE PUEDO HACER YO

QUE PUEDO HACER YO

QUE PUEDO HACER YO

QUE PUEDO HACER YO

QUE PUEDO HACER YO